AF243586

M. BERVILLE

NOTICE BIOGRAPHIQUE

J. POISLE DESGRANGES

M. BERVILLE

NOTICE BIOGRAPHIQUE

L'honnêteté de sa parole répondait
à l'honnêteté de son cœur.

PARIS

E. DENTU, LIBRAIRE-ÉDITEUR

Palais-Royal, 17 & 19

Galerie d'Orléans

1868

M. BERVILLE

Depuis quelque temps la mort semble vouloir moissonner sans relâche dans le champ de la littérature et des arts. Il est vrai qu'elle fait parfois tomber des épis mûrs ; mais la faux du temps nous paraît toujours cruelle lorsqu'elle frappe ce que la droiture et l'honneur avaient mis debout. Au mois de juillet dernier, autant dire hier, c'était Viennet, le doyen de l'Académie française, que tous les hommes de cœur regrettaient, aujourd'hui c'est un honorable magistrat dont la voix célèbre a retenti chaleureusement au barreau et à la Chambre des Députés, c'est Berville que nous pleurons!...

Né à Amiens, le 22 octobre 1788, Saint-Albin Berville, ancien premier avocat général et président honoraire à la Cour Impériale de Paris, ancien Député, ancien Représentant à l'Assemblée constituante, officier de la Légion d'honneur, est décédé à Fontenay-aux-Roses, dans sa 80e année. Ses funérailles ont eu lieu le 28 septembre, dans le calme de la douleur et du recueillement, en présence d'amis dévoués et nombreux, appartenant aux Lettres et à la Magistrature. M. Mongis, Conseiller à la Cour impériale de Paris, a prononcé un fort beau discours sur la tombe de l'illustre défunt, dont la vie a été une série de jours signalés par des actes de dévouement et de haute indépendance.

Inscrit en 1816, au tableau des avocats de Paris, Berville se distingua dans toutes les affaires qui lui furent confiées. Il défendit sous la Restauration les *patriotes* qu'elle poursuivit et notamment, Paul Louis Courrier qui, dans ses œuvres, désigne son noble défenseur sous le titre du *jeune homme bien disant*.

C'est le même homme de bien, toujours empressé à répandre la lumière là où régnait souvent l'obscurité, c'est Berville qui défendit l'imprimeur du chansonnier populaire de la France. Béranger, au mois de décembre 1821, avait été condamné à trois mois de prison pour avoir publié des chansons séditieuses, et deux mois plus tard il fut remis en cause et jugé pour avoir confié à Baudouin l'impression du *Procès* contenant les chansons incriminées par le ministère public. Mᵉ Dupin s'était chargé de la défense de Béranger, et Mᵉ Berville de celle de Baudouin, mais d'une manière si adroite qu'il plaida tout à la fois en faveur des deux accusés et parvint à faire prononcer leur acquittement.

Lors du troisième procès intenté contre Béranger, c'est-à-dire, sept ans plus tard, Mᵉ Barthe accepta la défense de notre chansonnier, et Mᵉ Berville celle de Baudouin. L'issue de ce dernier procès ne fut pas favorable aux accusés puisque Béranger fut condamné à neuf mois d'emprisonnement et dix mille francs d'amende, et l'imprimeur à six mois d'emprisonnement et cinq cents francs d'amende ; mais Berville avait dit :

« Nous regardons souvent d'un œil de dédain les temps qui nous ont précédés. Si la postérité apprend quelque jour que deux ou trois couplets de chanson ont soulevé la sévérité du ministère public, suscité un grand procès politique, fait une affaire d'État, que dira-t-elle de nous ?.. Quelle risée!... »

Les plaidoyers relatifs aux trois procès ont été imprimés à la suite des œuvres de Béranger. L'éditeur Perrotin les a accompagnés de notes fort intéressantes. Dans l'une de ces notes, qui a rapport au procès de 1822, il donne la palme académique du discours au défenseur de Baudouin.

« Ah ! combien différent est M. Berville, doux, mielleux, littéraire, grâcieux ; il n'a de paroles amères contre personne, de fiel contre aucune intention du réquisitoire, de dédain contre aucun des moyens de l'homme du roi ; c'est par l'éloge qu'il veut triompher de l'accusation, par le respect, par la douceur, par la modération ; quelquefois dans sa dialectique serrée il n'en porte pas moins de rudes coups ; mais c'est en enveloppant ses raisons de tant d'harmonie, en mettant dans son geste tant de grâce, dans son énergie tant d'onction, qu'à l'entendre parler on se rappelle involontairement le fameux joueur de tric-trac des *Mémoires de Grammont*, qui ne manquait jamais d'accompagner chaque coup gagnant d'un respectueux : Pardon de la liberté grande......

« M. Berville est un écrivain de l'école classique, qui a mérité une de ces couronnes que l'Académie française décerne aux plus éloquents prosateurs. »

La date du 21 août 1822 est mémorable ! Ce fut celle du jour où commença, en Cour d'Assises, le jugement dirigé contre vingt-cinq individus dont douze étaient accusés d'avoir pris part à un complot contre l'Etat, et d'avoir fait partie d'une société secrète de *Carbonari*. En d'autres termes cette affaire est connue, dans les causes célèbres, sous le titre des quatre sergents de La Rochelle.

M⁰ Berville eut la défense de l'étudiant en droit Baradère, accusé d'avoir présidé la société secrète dite de Vente, et d'avoir reçu chez lui les nommés Bories, Pommier, Goubin, Raoulx et autres.

Les paroles qu'il prononça dans ce fameux procès criminel sont des plus belles et des plus imposantes ! Il sauva Baradère.

« Si l'on avait cru réellement voir, dit-il, dans cette cause, une conspiration européenne, pourquoi ne sommes-nous pas devant la Cour des Pairs ? Quoi ! la civilisation tout entière serait menacée, et l'on n'aurait pas daigné investir de la connaissance du procès ce tribunal auguste, désigné par la constitution elle-même ?... »

Puis il termine ainsi :

« Oui, messieurs les Jurés, veuillez nous en croire : ces dangers dont on vous épouvante n'ont point de réalité ; ce sont les chimères de l'accusation. Il en est de plus réels, mais dont notre impartialité saura vous défendre : C'est de verser le sang innocent, c'est de laisser s'égarer dans vos mains le glaive de la Justice !.... »

Et le 5 septembre, à onze heures du soir, lorsque le greffier donna lecture de la déclaration du Jury où se trouvait le *Oui* fatal prononcé contre Bories, un cri de douleur aiguë s'échappa de la poitrine de Berville. Il demanda la parole, et sa voix étouffée ne pouvait se faire entendre. Enfin il fit judicieusement remarquer que dans sa déclaration le Jury confondait quatre corps de délit lesquels étaient spéciaux et indépendants, et il pria la Cour de ne pas statuer sur le champ.

La Cour se retira pour délibérer ; mais, hélas ! quand elle rentra ce fut pour prononcer l'arrêt de mort des quatre sergents de La Rochelle : Bories, Pommier, Goubin et Raoulx.

Une scène déchirante eut lieu dans cet instant

cruel, et les condamnés se jetèrent dans les bras de leurs défenseurs..... Berville sanglotait....

Cette noble défense n'est pas la seule à citer. Une infinité d'autres plaidoyers fort remarquables et faisant le plus grand honneur à Berville, ont été recueillis, les uns dans *Le Barreau français*, par Panckoucke, les autres dans *les Annales du Barreau français* de Warrée.

C'est après la révolution de 1830, que Berville fut nommé Avocat général; mais il n'en accepta les fonctions qu'à la condition de ne point s'occuper des délits de presse, et d'être déchargé des affaires criminelles pouvant donner lieu de requérir l'application de la peine de mort. C'est en 1853 qu'il devint Président de la Cour de Paris.

Sous le gouvernement de Louis-Philippe, il fut Député, et ne quitta son poste que lorsque la Chambre, au mois de Février 1848, fut envahie et dispersée par l'émeute. L'opposition sage qu'il avait faite aux abus ministériels de l'époque lui valut l'honneur de siéger à l'Assemblée constituante.

Beaucoup d'écrits en prose et en vers sont dus à la plume élégante de Berville. Traducteur des Bucoliques de Virgile, ancien rédacteur du

Journal le Constitutionnel, auteur de nombreuses poésies dont un volume a paru sous le titre des : *Amiénoises*, il a donné divers articles dans : *l'Encyclopédie moderne*, *le Dictionnaire de la Conversation*, le journal de *Législation et de Jurisprudence*, et dans les annuaires de la Société Philotechnique dont il faisait partie depuis l'année 1825.

Digne successeur du baron de Ladoucette, il fut le secrétaire perpétuel de cette honorable Société, et la dirigea avec autant d'esprit que de dévouement. Heureux de faire valoir en tout temps les travaux de ses confrères, il savait s'effacer avec modestie pour les mettre en relief.

A chaque séance publique, tous les six mois, il lisait un compte-rendu dont le style était concis et brillant. L'orgueil n'enflait jamais ses pipeaux joyeux, et sa manière de dire a toujours été dépourvue de flatterie. Notez bien que la sécheresse ne se rencontrait point dans l'aridité de ce travail minutieux où il faut offrir au public une corbeille de fleurs toujours assorties. Notre secrétaire perpétuel savait la lui présenter, et la foule applaudissait chaque fois le discours de l'excellent rapporteur.

Je ne me rappelle pas, depuis 1852, qui fut l'année de mon admission à la Société Philotechnique, que Berville se soit aliéné l'amitié d'un sociétaire ; mais je puis certifier que tout le monde le chérissait.

Sous sa direction la Société fut florissante. Esclave de l'honneur, esclave des principes de la confraternité, il respectait les lois établies par ses devanciers, afin de nous apprendre à les respecter.

Et qui n'aurait point chéri Berville ? lui qui disait :

« Une société littéraire n'est pas seulement une communauté d'intelligence : c'est aussi une famille qu'unit une communauté de sentiments et d'affections. »

Il ne compta pas parmi les élus de l'Académie française ; mais il y avait, comme partout, de nombreux amis. Un célèbre professeur à l'École polytechnique, et plus tard au collège de France, Andrieux, que Berville révérait en se nommant son fils d'adoption, fut heureux de donner la main de sa fille au mérite et à la distinction. Cette douce union ne pouvait que resserrer les liens d'une amitié qui dura toujours. A plusieurs reprises et notamment en 1833, Berville s'est plu à retracer les nobles traits de son beau-père. Nous retrouvons l'appréciation suivante dans l'étude qu'il a publiée en 1858 sur les œuvres de François, Guillaume, Jean, Stanislas Andrieux :

« S'il m'était permis, dit-il, de classer dans leur ordre les facultés de cet homme spirituel et bon, je donnerais sans hésiter la première place au professeur ; le conteur aurait la seconde ; la troisième appartiendrait au poète comique, la quatrième au prosateur, et pour ne venir qu'à ce rang, cette dernière ne serait pas encore à mépriser. Enfin j'en réclamerais une pour l'homme de cœur et l'homme de bien, et celle-ci serait encore au-dessus de toutes les autres... »

Nous avons exprimé le regret que notre cher secrétaire perpétuel n'ait pas eu sa place à l'Institut, à côté d'Andrieux ; mais nous avons la satisfaction de rappeler qu'après avoir été couronné en 1817 par l'Académie d'Amiens, à laquelle il avait envoyé *l'Éloge de Delille*, Berville eut le prix d'éloquence en 1818, à l'Académie française où il donna son magnifique *Éloge de Rollin*.

L'œuvre capitale de notre auteur est celle à laquelle il travailla avec Barrière, dont la mort a été dernièrement annoncée par toute la presse.

Cette œuvre se compose des mémoires relatifs à la Révolution (1810-1826). Ils ont paru en 56 volumes in-octavo. Il y a dans les notes qui accompagnent ces mémoires des détails d'une impartialité à toute épreuve et d'une honnêteté qui peint le beau caractère de Berville. Voilà comme on devrait toujours présenter les faits de l'histoire, et c'est, je crois, l'avis de notre confrère M. de Viel Castel qui s'entend aussi à les écrire !

Berville se proposait de réunir, en une édition complète, ses ouvrages en prose et en vers. L'imprimeur de la Société Philotechnique, M. Masson de Meulan, était chargé du travail, et deux volumes déjà sont imprimés ; mais la mort de l'auteur a dû interrompre cet important travail, du moins momentanément.

Le nom de Berville sera longtemps prononcé et regretté au Palais de Justice, où il a laissé de beaux souvenirs et de vives sympathies. Egaux et subordonnés, chacun l'estimait, chacun l'honorait. Demandez à Mme Callais, la vieille concierge du

Palais, demandez-lui ce qu'elle pense encore de M. Berville :

Elle vous répondra que c'était l'élite des magistrats, la bonté en personne, la loyauté sans apprêt, le laisser-aller sans défiance, la justice sans remords et la fleur du barreau !

Mme Callais a vu, avec un sentiment de douleur, les quatre sergents de La Rochelle s'embrasser, puis monter dans des ignobles charrettes ; mais je suis sûr que cette douleur ne fut pas plus vive que celle qu'elle ressentit en apprenant la mort du noble défenseur de Baradère...

La Société Philotechnique a beaucoup regretté le départ de Berville, lorsqu'il a résilié le bail qui lui conférait le titre de secrétaire perpétuel. M. François, tout le premier, cet honorable et ancien maître des requêtes au Conseil d'Etat, pleura la perte d'un homme qu'il égale par la justice et la droiture.

A la séance publique du 19 décembre 1865, Berville lut une charmante poésie : *Mon Ermitage ;* celui sans doute de Fontenay-aux-Roses, où il a fini ses jours, et dont il disait :

C'est ici, qu'échappant au tumulte des villes,
Je viens, loin des mortels, cacher mes jours tranquilles.

Dès que Mai, dissipant la brume des hivers,
D'une clarté plus vive a coloré les airs,
Semblable au gai moineau dont on ouvre la cage,
Je prends mon libre essor et vole à mon bocage.
Ici, quel heureux calme, et que ces frais abris
Reposent bien mes sens du fracas de Paris !
Seul, avec la Nature, et des travaux que j'aime,
Mon esprit n'y reçoit d'ordre que de lui-même...

Quelle fraîcheur, quel coloris et quelle harmonie dans ces vers remplis de sentiment !

L'année suivante, Berville nous fit, d'une voix souffrante et presque éteinte, la lecture de sa ravissante étude sur les *Pastorales de Virgile;* c'était le 2 mai 1866, et le 2 décembre de la même année, il nous fit entendre la savante apologie du livre de Mme Ancelot, sous le titre d'*Un Salon de Paris.*

Le souffle manquait à l'orateur, mais son regard doux, bienveillant, brillait encore, et il semblait éclairer pour la dernière fois le front de ses auditeurs.

Berville n'est plus ! lui si bon, si tendre et si dévoué !...

Personne ne lui reprochera ses moments de gaîté ; car elle plaisait aussi, même sous la forme des calembourgs qu'il faisait avec beaucoup d'esprit.

Ces traits d'esprit on les accueillait au Palais
où Berville ne souriait que pour mieux dissi-
muler ses souffrances. Il regrettait, comme président, d'avoir à remplir de tristes missions. Ah !
combien de fois il a été malade le matin, en
pensant aux heures de la journée !

Il nous disait un jour, en soupirant : « Les lois
de la justice imposent souvent de bien cruels
devoirs ! »

La complexion de Berville était fort délicate.
Les habits de l'homme cachaient plutôt une âme
qu'un corps. On aurait pu supposer, de prime-
abord, que le corps avait quitté l'habit, si le cœur
n'eût tout aussitôt parlé en faveur de l'homme.
Pour calmer les spasmes d'un tempérament
nerveux, Berville sortait discrètement de sa poche
un petit flacon, et prenait quelques gouttes d'une
liqueur préparée pour endormir ses souffrances....

Il s'éteignit comme une lueur céleste !....

Les éloges funèbres qu'il insérait dans ses
comptes-rendus des travaux de la Société Philotechnique étaient fort touchants, et lui-même était
sensible aux pertes qu'elle éprouvait.

« En moins de trois années, disait-il, voilà douze
confrères qui nous sont enlevés par une fatalité
qui ne se lasse pas. Plusieurs étaient la fleur de
notre Société : tous y tenaient un rang honorable.
Les consolations ne nous ont pas manqué sans
doute: heureux pourtant ceux qui n'ont pas besoin
d'être trop souvent consolés... »

Pour terminer cette notice biographique nous
citerons trois lignes seulement des pages brillantes
de Berville, et cela pour lui rendre comme à César
ce qui lui appartient. Répétons donc ce qu'il disait
à la mort de son confrère Sapey, avocat général à
la Cour de Paris:

« Sa perte, messieurs, laisse un grand vide
parmi nous. On pleure de tels confrères, mais qu'il
est rare de les remplacer !

AMIENS. TYP. LAMBERT-CARON.